Steffen Hildebrandt

Aus der Reihe: e-fellows.net stipendiaten-wissen

e-fellows.net (Hrsg.)

Band 93

OCL - Die Object Constraint Language

Steffen Hildebrandt

Aus der Reihe: e-fellows.net stipendiaten-wissen

e-fellows.net (Hrsg.)

Band 93

OCL - Die Object Constraint Language

GRIN Verlag

Bibliografische Information der Deutschen Nationalbibliothek: Die Deutsche Bibliothek
verzeichnet diese Publikation in der Deutschen Nationalbibliografie; detaillierte bibliografische Daten sind im Internet über http://dnb.d-nb.de/ abrufbar.

1. Auflage 2011
Copyright © 2011 GRIN Verlag
http://www.grin.com/
Druck und Bindung: Books on Demand GmbH, Norderstedt Germany
ISBN 978-3-640-95555-8

OCL - Die Object Constraint Language
Proseminar
Knowlegde Representation and Reasoning

Steffen Hildebrandt

Universität Tübingen

Zusammenfassung Die Object Constraint Language (OCL) ist ein wichtiger Bestandteil der Unified Modeling Language (UML). In OCL können Constraints definiert werden, die Attribute und Operationen von UML-Klassendiagrammen spezifizieren. So gibt es zum einen die Invarianten, die für ein Objekt einer Klasse während dessen gesamter Lebenszeit gelten müssen und zum anderen die Pre- und Postconditions, die immer zu Beginn bzw. am Ende einer Operationsausführung gelten müssen.

Inhaltsverzeichnis

1   Einführung

Die *Unified Modelling Language* (UML) ist eine graphische Modellierungssprache zur Spezifikation, Konstruktion und Dokumentation von Teilen von Software und anderen Systemen.[1] Sie wird von der Object Management Group (OMG) entwickelt und ist sowohl von ihr[1] als auch von der ISO standardisiert[2]. In diesem ersten Abschnitt soll ein kurzer Überblick darüber gegeben werden, was mit UML möglich ist, aber auch, warum insbesondere in Bezug auf die objektorientierte Programmierung eine Erweiterung von Nöten ist.

1.1   Was UML kann

In UML gibt es 13 verschiedene Diagramm-Typen, welche in *Verhaltensdiagramme* und *Strukturdiagramme* unterteilt werden. Abbildung 1.1 zeigt eine Übersicht über diese Diagramme.

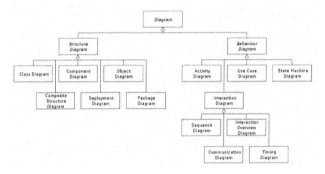

Abbildung 1. Übersicht über die verschiedenen Diagramm-Typen in UML[5]

Verhaltensdiagramme beschreiben die Arbeitsweise eines Programms oder auch die Abläufe und Prozesse innerhalb eines Systems und sind meistens ein erster Schritt auf dem Weg der Softwareentwicklung. Häufig benutzte Typen sind das Use-Case-Diagramm, das Aktivitätsdiagramm, sowie das Sequenzdiagramm. Dagegen wird bei Strukturdiagrammen die programmiertechnische Struktur von Software betrachtet, was sowohl zu Beginn der Entwicklung stehen, als auch ein finaler Schritt hin zur Implementierung sein kann.

Zu den am häufigsten benutzten Diagrammen gehört das Klassendiagramm (ein Strukturdiagramm), das oft zur Modellierung objektorientierter Software

---

[1] http://www.omg.org/technology/documents/modeling_spec_catalog.htm#UML

benutzt wird. Mit Hilfe von Klassendiagrammen ist es möglich, Klassen zusammen mit ihren Attributen und Operationen abzubilden und darüber hinaus vielfältige Arten von Beziehungen zwischen diesen Klassen darzustellen. Diese Beziehungen können zum Beispiel Generalisierungen, aber auch Assoziationen und Abhängigkeiten sein, bei denen beiden Enden oft sogenannte *Rollennamen* gegeben werden.[3]

Abschnitt 2.1 gibt einen ausführlicheren Einblick in die formale Beschreibung von *Objektmodellen*, einer Verallgemeinerung von Klassendiagrammen. Abbildung 2 zeigt ein Beispiel für ein Klassendiagramm, das die Grundlage für ein Softwareprojekt zur Simulation von Profifußball sein könnte.

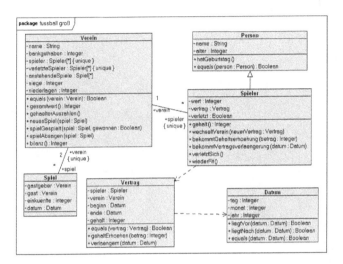

Abbildung 2. Großes Beispiel zu UML

1.2 Was UML fehlt

Am Beispiel in Abbildung 2 ist zu sehen, dass mit Hilfe von Klassendiagrammen die Idee für eine Software graphisch dargestellt werden kann, sodass die Struktur des Programms für den Programmierer übersichtlicher und klarer wird. Darüber hinaus könnte man mit weiteren UML-Diagrammen Abläufe festhalten, wie zum Beispiel die mögliche Karriere eines Fußballspielers oder den Verlauf von Vertragsverhandlungen. Allerdings kann UML nur die Struktur sowie eventuell noch

einige Arbeitsabläufe eines Projekts darstellen, was fehlt, sind vor allem logische Eingrenzungen. So kann UML zwar ausdrücken, dass eine Klasse `Person` die Attribute `name : String` und `alter : Integer` besitzt, aber es gibt keine Möglichkeit, ein Objekt vom Typ Person mit negativem Alter zu verbieten. Es handelt sich hierbei also um eine Bedingung, die für den gesamten Programmablauf gelten muss, eine sogenannte *Invariante*: „`Das Alter einer Person darf nicht negativ sein.`"

Neben solchen Bedingungen könnte es aber auch sein, dass der Ersteller eines UML-Modells bestimmte Methoden genauer spezifizieren möchte. Zum Beispiel soll festgelegt werden, dass das Gehalt eines Fußballspielers nach einer Gehaltserhöhung auch tatsächlich um den angegebenen Betrag erhöht ist. Es handelt sich hier um eine sogenannte *Postcondition*, eine Bedingung, die nach der Ausführung einer Methode gelten muss. Analog zu Postconditions soll es auch *Preconditions* geben, die zu Beginn einer Methodenausführung gelten.

Genau diese drei Arten von Bedingungen (Invarianten, Pre- und Postconditions) stellen der Kern der *Object Constraint Language* (OCL) dar, die damit eine mächtige Erweiterung zu UML darstellt.

1.3   Einführungsbeispiel

Das folgende UML-Klassendiagramm ist eine Vereinfachung des Beispiels aus Abbildung 2 und liegt den Beispielen in Abschnitt 2 und 4 zu Grunde.

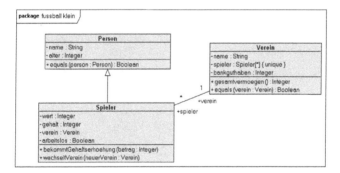

Abbildung 3. Vereinfachtes Beispiel

Das Beispiel zeigt die drei Klassen `Person`, `Spieler` und `Verein`, wobei `Spieler` von `Person` abgeleitet ist. Die meisten Attribute und Operationen der Klassen sind selbsterklärend. Die Operation `gesamtvermoegen():Integer` der

Klasse `Verein` soll als Ergebnis das Bankguthaben des Vereins addiert mit dem Gesamtwert aller Spieler des Vereins zurückgeben.

1.4 Allgemeines zu OCL

Die Object Constraint Language ist rein formal, wie der Name schon sagt, eine *Programmiersprache*, die für *Objekte* (die in der Regel aus einem UML-Modell stammen) *Constraints* definiert. Für den englischen Begriff „Constraint" wird im Deutschen oft *Zusicherung* oder *(Rand)Bedingung* benutzt, da aber keine Übersetzung das Wort in seiner vollen Bedeutung trifft, wird im Folgenden weiterhin von „Constraints" gesprochen.

Die erste Version von OCL wurde von IBM entwickelt und im Jahr 1995 erstmals vorgestellt. Bereits zwei Jahre später wurde sie in den UML-Standard (damals UML-Version 1.1) aufgenommen und ist heute allgemein anerkannt. Die aktuelle Version[2] ist OCL 2.2. Diese Ausarbeitung bezieht sich in erster Linie auf die Version 1.1, die bereits alle grundlegenden Prinzipien enthielt und später, insbesondere mit Version 2.0, nur noch in ihrem Funktionsumfang erweitert wurde.

Im Folgenden wird in Abschnitt 2 eine kurze Einführung in die formalen Grundlagen gegeben, wobei insbesondere die Begriffe des *Objektmodells* und des *Systemzustands* näher erläutert werden. In Abschnitt 3 werden die in OCL vordefinierten Datentypen zusammen mit ihren Operationen vorgestellt, woraufhin in Abschnitt 4 dann die verschiedenen Constraints beschrieben werden. Ein größeres Beispiel dazu findet sich im Anhang zu dieser Ausarbeitung. Schließlich folgen in Abschnitt 5 einige Worte zu der Arbeit mit OCL, sowie das Fazit in Abschnitt 6.

2 Formale Grundlagen

Dieser Abschnitt soll einen kurzen Überblick über die formalen Definitionen eines *Objektmodells* (engl. object model) und eines *Systemzustands* (engl. system state) geben.

2.1 Objektmodelle

Klassendiagramme in UML sind ein Werkzeug zur Darstellung von Objektmodellen, daher wird hier kurz die Definition eines Objektmodells erläutert. Ein Objektmodell $\mathcal{M}$ ist ein 8-Tupel[6]

$$\mathcal{M} = (\text{CLASS}, \text{ATT}_C, \text{OP}_C, \text{ASSOC}, \text{associates}, \text{roles}, \text{multiplicities}, \prec)$$

wobei gilt:

CLASS ist eine Menge von Namen, hier also die Menge aller Klassen in unserem Diagramm.

---

[2] http://www.omg.org/spec/OCL/2.2/

$$\text{CLASS} = \{\text{Person}, \text{Spieler}, \text{Verein}\}$$

ATT_C ist eine Menge der Signaturen aller Operationen, die die Klasse C auf einen assoziierten Wert abbilden. Diese Operationen entsprechen praktisch den Namen der Attribute der Klasse.

$$\text{ATT}_{\text{Person}} = \{\text{name} : \text{Person} \to \text{String}, \text{alter} : \text{Person} \to \text{Integer}\}$$

OP_C ist eine Menge der Signaturen aller „benutzerdefinierten" Operationen der Klasse C, die keine Seiteneffekte haben.

$$\text{OP}_{\text{Verein}} = \{\text{gesamtvermoegen}(): \text{Integer}, \text{equals}(\text{verein}: \text{Verein}): \text{Boolean}\}$$

ASSOC ist eine Menge von Namen für Assoziationen.

$$\text{ASSOC} = \{\text{hatUnterVertrag}\}$$

associates ist eine Funktion, die jeder Assoziation eine Liste der betreffenden Klassen zuordnet.

$$\text{associates} : \text{hatUnterVertrag} \mapsto (\text{Verein}, \text{Spieler})$$

roles ist eine Funktion, die jedem Endpunkt einer Assoziation einen Rollennamen zuweist.

$$\text{roles} : \text{hatUnterVertrag} \mapsto (\text{verein}, \text{spieler})$$

multiplicities ist eine Funktion, die jedem Endpunkt einer Assoziation eine Vielfachheit zuweist.

$$\text{multiplicities} : \text{hatUnterVertrag} \mapsto (1, \mathbb{N}_0)$$

$\prec$ ist eine partielle Ordnung, die die hierarchische Beziehung zwischen den Klassen des Modells widerspiegelt.

$$\prec = \{(\text{Spieler}, \text{Person})\}$$

2.2 Systemzustände

Ein Objektmodell beschreibt die Struktur eines Programms und verändert sich auch nicht im Verlauf der Programmausführung. Unter Betrachtung dieser Programmausführung kann aber ein sogenannter *Systemzustand* definiert werden, der auf dem zugrunde liegenden Objektmodell basiert:

Ein Systemzustand σ für ein Objektmodell $\mathcal{M}$ ist ein 3-Tupel[6]

$$\sigma(\mathcal{M}) = (\sigma_{CLASS}, \sigma_{ATT}, \sigma_{ASSOC})$$

wobei

$\sigma_{\text{CLASS}}(c)$ alle Objekte der Klasse $c \in \text{CLASS}$ enthält, die in dem aktuellen Systemzustand existieren,

σ_{ATT} eine Funktion darstellt, die jedem existierenden Objekt seine aktuellen Attributswerte zuordnet,

$\sigma_{\text{ASSOC}}(as)$ für jede Assoziation $as \in \text{ASSOC}$ alle durch sie verbundenen Objekte enthält.

Die Programmausführung besteht dann aus einer Folge verschiedener Systemzustände. Aus umgekehrter Sicht betrachtet ist ein Systemzustand also ein „Schnappschuss" des Speichers, der alle zu diesem Zeitpunkt bestehenden Objekte sowie die zwischen ihnen bestehenden Assoziationen enthält.

3 Ausdrücke in OCL

Dieser Abschnitt soll eine kurze Übersicht über Ausdrücke in OCL geben, dabei geht es zum einen um die verschiedenen Datentypen, die OCL standardmäßig bereit stellt, und zum anderen um die Operationen, die auf diesen Typen bereits definiert sind. Beispiele für einige Anwendungen dieser Operationen folgen in Abschnitt 4. Eine vollständige Liste der Datentypen und ihrer Operationen ist in Kapitel 11 der OCL-Spezifikation[3] zu finden.

3.1 OCL-Datentypen

Die grundlegende Typenhierarchie in OCL ist relativ komplex, deshalb wird hier nur auf die wichtigsten Ausschnitte eingegangen. Man unterscheidet zwischen *Basistypen* und *Collection-Typen*:[7]

- Basistypen
  - OCLAny (Supertyp)
  - Boolean
  - Real
  - Integer (von Real abgeleitet)
  - String
  - OCLType
- Collection-Typen
  - Collection (Supertyp)
  - Set
  - OrderedSet
  - Bag
  - Sequence

Abbildung 4 gibt eine graphische Übersicht über diese Datentypen. Bei den Basistypen ist OCLAny der Supertyp zu allen anderen Typen, ebenso sind bei den Collection-Typen alle anderen Typen vom Typ Collection abgeleitet. Beide Supertypen bieten bereits eine umfangreiche Menge von Operationen an, auf die in Abschnitt 3.2 und 3.3 eingegangen wird.

Der Typ OCLType umfasst alle Datentypen, die in dem zugrunde liegenden Objektmodell (UML-Modell) definiert sind, also alle Klassen und Schnittstellen mit ihren jeweiligen Attributen und Operationen. Auf diese Attribute und Operationen kann in Ausdrücken über den Punkt-Operator zugegriffen werden, wie es auch in anderen Programmiersprachen üblich ist. Darüber hinaus werden auch die sogenannten *Navigationen*, also die Rollennamen der Assoziationen (vgl. Abschnitt 2.1), als Attribute behandelt und können als solche angesprochen werden. Daneben wird von OCL auch die hierarchische Struktur zwischen den Klassen übernommen.

Bei der Arbeit mit Collection-Typen reicht oft die Nutzung des Supertyps Collection aus, in manchen Fällen sind aber auch die Subtypen von Vorteil, die einige typspezifische Operationen bereitstellen. Set und OrderedSet repräsentieren (geordnete) Mengen, wogegen Bag eine Liste und Sequence eine geordnete Liste darstellt.

---

[3] http://www.omg.org/spec/OCL/2.2/PDF/

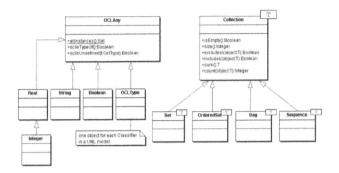

Abbildung 4. Übersicht über die Datentypen in OCL[7]

3.2 Operationen auf Basistypen

Die möglichen Operationen auf Basistypen in OCL und deren Verwendung sind sehr intuitiv, daher wird hier nur ein kurzer Einblick gegeben. Insbesondere bei Integer, Real und String ist die Liste der verfügbaren Operationen noch um einiges länger. Die Operationen auf Basistypen werden allesamt über den Punktoperator aufgerufen.[4]

- OCLAny
  - `allInstances():Set` gibt alle Objekte, die in dem aktuell betrachteten Systemzustand existieren, als Set zurück.
  - `oclIsTypeOf(AndererTyp):Boolean` gibt zurück, ob das Objekt vom Typ `AndererTyp` ist.
  - `oclIsKindOf(AndererTyp):Boolean` gibt zurück, ob das Objekt vom Typ `AndererTyp` oder einem davon abgeleiteten Typ ist.
  - `oclAsType(AndererTyp):AndererTyp` versucht, das Objekt in den Typ `AndererTyp` umzuwandeln.
- Boolean
  - Prüfen auf (Un)Gleichheit: $=, <>$
  - Logische Verknüpfungen: and, or, xor, not
  - Implikation: implies
- Integer/Real
  - Prüfen auf (Un)Gleichheit: $=, <>, <, >, <=, >=$
  - Arithmetische Operationen: $+, -, *, /, a.\operatorname{div}(b), a.\operatorname{mod}(b), a.\operatorname{abs}$
- String
  - Prüfen auf (Un)Gleichheit: $=, <>$
  - Konkatenation: $s1.\operatorname{concat}(s2)$
  - Länge: $s1.\operatorname{size}$

– OCL-Type

- Mit = und <> kann für zwei Objekte überprüft werden, ob es die *selben* Objekte sind.

3.3 Operationen auf Collection-Typen

Auch für Collection-Typen gibt es vielfältige Operationen, von denen die meisten auf dem Supertyp Collection definiert sind und einige weitere speziell auf die Eigenschaften des jeweiligen Subtyps zugeschnitten sind. Im Gegensatz zu den Basistypen werden alle Operationen auf Collection-Typen über den –> Operator aufgerufen. Einige wichtige Beispiele für Operationen auf dem Supertyp werden hier genannt:[4]

- `size():Integer`
- `isEmpty():Boolean,`
  `notEmpty():Boolean`
- `includes(object:T):Boolean,`
  `excludes(object:T):Boolean`
- `includesAll(c:Collection(T)):Boolean,`
  `excludesAll(c:Collection(T)):Boolean`
- `count(object:T):Integer`

Daneben gibt es auf dem Typ Collection eine weitere Operation namens *iterate*, die folgende Syntax besitzt:[7]

```
Collection->iterate(iterator : Typ1;
                    ergebnis: Typ2 = <Anfangswert> |
                    <Ausdruck, der ergebnis zugewiesen wird>)
```

iterate geht die Elemente einer Collection nacheinander durch, und weist der Variable `ergebnis` jedes Mal den Wert des angegebenen Ausdrucks zu. Der `iterator` muss vom (Super)Typ der Elemente der Collection sein und gibt die Möglichkeit, auf das aktuell betrachtete Objekt zuzugreifen. Die Operation erweist sich als sehr mächtig, sodass weitere Operationen definiert wurden, die aber intern alle auf `iterate` zurückgeführt sind.

`forAll(<Ausdruck>)` prüft, ob der Ausdruck für alle Elemente der Collection gilt.

`exists(<Ausdruck>)` prüft, ob der Ausdruck für mindestens ein Elemente der Collection gilt.

`collect(<Ausdruck>)` gibt alle Elemente, für die der Ausdruck gilt, als Collection zurück.

`sortedBy(<Ausdruck>)` gibt alle Elemente sortiert zurück.

4 Die Sprache OCL

Dieser Abschnitt soll einen Überblick über die wichtigsten Sprachkonstrukte
in OCL sowie deren Syntax geben. Dabei wird insbesondere auf die bereits
erwähnten Invarianten, sowie die Pre- und Postconditions eingegangen. Wich-
tig ist hierbei zu erwähnen, dass OCL sich auf die Eigenschaften der *Objekte*
von Klassen bezieht, also insbesondere auf die Werte der Attribute, und nicht
die Klassen selbst. Dies ist ein grundlegender Unterschied zu UML, welches die
Klassen zusammen mit ihren Beziehungen untereinander modelliert.

4.1 Allgemeines

Kommentare sind in OCL nur zeilenweise möglich und werden durch `--` ein-
geleitet:

```
-- Somit ist dies ein Kommentar.
```

Pakete können auch in OCL benutzt werden. Dabei muss am Anfang der Datei
der Befehl `package <paketname>` stehen und am Ende der Datei der Befehl
`endpackage`. Bei verschachtelten Paketen werden zwei Doppelpunkte anstatt
eines Punktes verwendet. Falls ein Paket angegeben wird, müssen alle Constraints innerhalb des package-endpackage Blocks liegen. Des Weiteren kann
in einer Datei nur ein Paket spezifiziert sein:

```
package de::uni-tuebingen::krr::ocl
-- Hier können beliebig viele Constraints definiert werden.
endpackage
```

Constraints müssen immer den folgenden Aufbau haben:

```
-- Es ist Konvention (aber nicht notwendig),
-- das Constraint in 1-2 Zeilen zu beschreiben
context <Kontext>
<Constraint-Typ> [<ConstraintName>]: <OCL-Ausdruck>
```

Durch das Schlüsselwort `context` wird der Kontext festgelegt. Dieser muss
in Abhängigkeit des Constraint-Typs immer eine Klasse oder eine Operation
einer Klasse sein. Für alle Constraint-Typen kann anstatt einer Klasse auch
ein anderer *Classifier* (z.B. eine Schnittstelle oder eine abstrakte Klasse)
angegeben werden. Innerhalb eines Kontextes können auch mehrere Constraints deklariert werden, dies wird aber per Konvention nur dann gemacht,
wenn die Constraints logisch eng miteinander verknüpft sind, weil die Kommentierung der Constraints dann sehr unübersichtlich wird. Des Weiteren
können im Kontext Variablen für Objekte deklariert werden:

```
-- Im Constraint können nun v1,...,vn verwendet werden
context v1 : T1,...,vn : Cn
<Constraint>
```

Diese Syntax wird insbesondere von [6] oft verwendet, allerdings ist sie ansonsten nicht sehr verbreitet und wird von einigen Tools, darunter auch von DresdenOCL, nicht unterstützt, weil es andere Möglichkeiten gibt, mit denen derselbe Effekt erzielt werden kann.

Constraint-Typ kann eine Invariante oder eine Pre-/Postcondition sein. Seit OCL 2.0 können an gleicher Stelle einige weitere Konstrukte definiert werden, auf die in dieser Arbeit nicht weiter eingegangen wird, da sie die grundlegenden Konzepte von OCL nicht maßgeblich erweitern, sondern nur den Funktionsumfang der Sprache vergrößern. Daneben sei bemerkt, dass OCL seiteneffektfrei ist und somit bei der Betrachtung eines Systemzustandes diesen in keiner Weise verändert. Wahlweise kann ein Name für das Constraint vergeben werden, worauf in der Regel verzichtet wird.

OCL-Ausdrücke wurden in Abschnitt 3 beschrieben und müssen immer einen booleschen Wert zurückgeben.

self wird häufig in OCL-Ausdrücken verwendet und bezieht sich immer auf das Objekt, auf das das Constraint angewendet wird, also auf ein Objekt der im Kontext angegebenen Klasse. self ist vergleichbar mit der in Java benutzten this-Referenz. Hierbei ist noch zu erwähnen, dass Sichtbarkeiten von Attributen und Methoden in OCL standardmäßig ignoriert werden.

4.2 Invarianten

Der wohl wichtigste Baustein in OCL ist die *Invariante*. Eine Invariante ist ein Constraint, das für ein Objekt während seiner gesamten Lebenszeit wahr sein muss. Üblicherweise werden Invarianten dazu benutzt, Wertebereiche von Attributen festzulegen, logische Implikationen zu beschreiben oder Zirkelbezüge zu verifizieren.[6]

Syntax Eine Invariante hat als Kontext immer eine Klasse, das Schlüsselwort für den Constraint-Typ der Invariante ist inv.

```
-- Beschreibung der Invariante
context <KlassenName>
inv: <OCL-Ausdruck>
```

Beispiele

```
-- Das Alter einer Person darf nicht negativ sein
context Person
inv: self.alter >= 0
```

```
-- Für je zwei Spieler s1, s2 soll gelten:
-- Wenn der Wert von s1 größer als der von s2 ist
-- soll auch das Gehalt von s1 höher sein
context Spieler
inv: Spieler.allInstances()->forAll(s1, s2 : Spieler |
```

```
                    (s1.wert > s2.wert) implies (s1.gehalt > s2.gehalt))

-- Das gleiche Beispiel mit Hilfe von iterate
context Spieler
inv: Spieler.allInstances()->iterate(sAussen : Spieler;
        ergAussen : Boolean = true |
        ergAussen and
                    Spieler.allInstances()->iterate(sInnen : Spieler;
                        ergInnen : Boolean = true |
                        ergInnen and
                            ((sAussen.wert > sInnen.wert) implies
                                (sAussen.gehalt > sInnen.gehalt))))

-- Für jeden Spieler soll gelten:
-- Sein Verein muss ihn auch in seiner Vereinsliste führen
context Spieler
inv: self.verein.spieler->includes(self)
```

4.3 Preconditions

Eine Precondition, zu deutsch „Vorbedingung", ist ein Constraint, das zu Beginn einer Operation gelten muss. Oft wird in Preconditions überprüft, ob die übergebenen Operanden sinnvolle Werte haben oder ob das Objekt, auf dem die Methode ausgeführt wird, auf die Methode „vorbereitet" ist.[6]

Syntax Da sich eine Precondition immer auf eine bestimmte Operation bezieht, muss diese im Kontext mitsamt ihrer Parameter und gegebenenfalls Rückgabetyp angegeben werden, das Schlüsselwort für diesen Constraint-Typ ist **pre**.

```
-- Beschreibung der Precondition
context <KlassenName>::<Operation>(p1:T1,p2:T2,...):<T>
pre: <OCL-Ausdruck>
```

Auf die einzelnen Operanden kann innerhalb des Ausdrucks direkt zugegriffen werden. Der betrachtete Systemzustand in einer Precondition ist der vor der Ausführung der Operation. Alle Werte, die abgefragt werden, beziehen sich auf diesen Zustand.

Beispiele

```
-- Eine Gehaltserhöhung bekommt immer einen positiven Betrag
context Spieler::bekommtGehaltserhöhung(betrag : Integer)
pre: betrag > 0

-- Ein Spieler kann nur dann eine Gehaltserhöhung bekommen
-- wenn er nicht arbeitslos ist
context Spieler::bekommtGehaltserhöhung(betrag : Integer)
pre: not self.arbeitslos
```

4.4 Postconditions

Eine Postcondition, zu deutsch „Nachbedingung", ist ein Constraint, das nach der Ausführung einer Operation gelten muss. Meist wird so das Ergebnis der Operation überprüft, also der Rückgabewert oder gewünschte Seiteneffekte. Oft ist es aber auch wünschenswert unerwünschte Seiteneffekte zu vermeiden, was theoretisch bedeutet, den gesamten Systemzustand vor der Operation mit dem nach der Operation zu vergleichen. Dies ist bei größeren Projekten allerdings aufwändig, daher beschränkt man sich im Allgemeinen darauf, nur bestimmte Attribute oder Objekte zu betrachten, bei denen ein „reelles Risiko" besteht, dass sie von der Operation fälschlicherweise verändert werden. Oft werden logisch zusammenhängende Pre- und Postconditions zusammen unter einen Kontext geschrieben.[6]

Syntax Eine Postcondition muss sich, ebenso wie eine Precondition, auf eine Operation beziehen. Die Syntax unterscheidet sich nur durch das Schlüsselwort post.

```
-- Beschreibung der Precondition
context <KlassenName>::<Operation>(p1:T1,p2:T2,...):<T>
post: <OCL-Ausdruck>
```

Falls es einen Rückgabewert gibt, kann auf diesen über die Variable result zugegriffen werden. Der betrachtete Systemzustand entspricht hier dem *nach* der Ausführung der Operation. Um trotzdem auf die Werte *vor* der Ausführung der Operation zugreifen zu können, kann das Postfix @pre benutzt werden.

Beispiele

```
-- Das Gesamtvermögen eines Vereins ist
-- sein Bankguthaben plus der Wert aller Spieler
context Verein::gesamtvermoegen():Integer
post: result = self.bankguthaben
            + self.spieler->collect(s:Spieler|s.wert)->sum()

-- Eine Gehaltserhöhung
-- muss das Gehalt um den angegebenen Betrag erhöhen
context Spieler::bekommtGehaltserhoehung(betrag : Integer)
post: self.gehalt = self.gehalt@pre + betrag
```

5   Arbeiten mit OCL

5.1   Anwendung von OCL

Bei der Anwendung von in OCL definierten Constraints werden bei Invarianten immer ein Systemzustand und bei Pre-/Postconditions zwei aufeinanderfolgende

Systemzustände betrachtet. Im Falle der Invarianten wird dann für jedes in diesem Systemzustand existierende Objekt überprüft, welche Constraints bezüglich des Kontextes auf das Objekt passen und ob diese zu `true` oder `false` evaluieren. Bei Pre-/Postconditions werden dagegen zwei aufeinanderfolgende Systemzustände betrachtet, nämlich genau derjenige direkt vor der Ausführung der Operation und der direkt danach. Anschließend werden wiederum alle passenden Constraints für diese Operation ausgewertet.

5.2 Allgemeines

Im Internet findet man einige kostenlose Tools mit deren Hilfe OCL-Constraints ausgewertet werden können. Die Arbeit mit diesen Programmen ist für Anfänger etwas kompliziert, was vor allem daran liegt, dass die Auswertung der Constraints einiger Vorbereitungen bedarf. Neben der Definition der Constraints, muss dem Programm ein UML-Modell zur Verfügung gestellt werden, dazu besitzen manche Tools integrierte UML-Editoren. Danach benötigt man eine Liste von Objekten, auf die die Constraints angewendet werden können. Auch hier gibt es verschiedene Möglichkeiten der Realisierung. Ein Beispiel ist (wie bei dem im Folgenden vorgestellten Tool *Dresden OCL*) die Übergabe von (kompiliertem) Java-Code, damit ist es möglich, für diesen erdachten Systemzustand alle Invarianten zu überprüfen. Falls darüber hinaus auch Pre- und Postconditions überprüft werden müssen natürlich auch die entsprechenden Methoden implementiert werden. Allerdings reichen die Möglichkeiten kostenloser Tools nicht über die Anwendungen zu Lehrzwecken hinaus.

Als Beispiele seien neben *Dresden OCL* noch die Tools *Visual OCL*[4] der TU Berlin, *USE*[5] der Uni Bremen und *OCL Environment*[6] genannt.

5.3 Dresden OCL

Die TU Dresden beschäftigt sich sehr intensiv mit OCL und hat das *OCL Portal*[7] eingerichtet, auf dem über die aktuelle Forschung und Entwicklung berichtet wird. So wurde dort auch ein Plugin namens *Dresden OCL* für die Java-Entwicklungsumgebung Eclipse entwickelt. Die Installation ist, auch aufgrund von Kompatibilitätsproblemen mit der neuen Version 3.6, etwas aufwändig. Eine Möglichkeit wird auf in den FAQs[8] der Download-Site beschrieben. Zusammen mit dem Plugin werden wahlweise auch diverse Tools zum Erstellen und Bearbeiten von UML-Diagrammen installiert, aus denen Projekte direkt in DresdenOCL importiert werden können.

Um ein Java-Projekt mit OCL-Constraints zu testen, muss für das Projekt zuerst ein UML-Modell erstellt und in den *Model Browser* geladen werden. Dann

---

[4] `http://tfs.cs.tu-berlin.de/vocl/index.html`

[5] `http://www.db.informatik.uni-bremen.de/projects/USE/`

[6] `http://lci.cs.ubbcluj.ro/ocle/index.htm`

[7] `http://st.inf.tu-dresden.de/oclportal/`

[8] `http://www.reuseware.org/index.php/DresdenOCL:FAQ#Problems_when_`
`installing_Dresden_OCL_under_Eclipse_3.6.1`

muss eine sogenannte *ModelInstanceProviderClass* erstellt werden (siehe Beispiel im Anhang A.7), welche die Implementierung einer imaginären Schnittstelle *IModelInstance* mit der statischen Methode *List< Object> getModelObjects()* darstellt. „Imaginär" heißt in diesem Fall, dass die Schnittstelle IModelInstance nicht deklariert werden muss. Nachdem in der Methode getModelObjects() eine Liste mit Objekten erstellt wurde, muss die entsprechende class-Datei als Model Instance geladen werden. Sobald nun eine Datei mit OCL-Constraints geöffnet wird, werden diese automatisch in das Modell geladen und können auf Wunsch im Fenster *Dresden OCL Interpreter* überprüft werden.

Eine umfassende Dokumentation[9] der Software kann ebenfalls auf der Download-Site von Dresden OCL gefunden werden.

6   Fazit

6.1   Einordnung in das Thema *Knowledge Representation and Reasoning*

UML und OCL sind Tools, mit deren Hilfe *Wissen* über ein Software-Projekt *repräsentiert* werden kann. Dabei gibt UML die Möglichkeit, Wissen über den strukturellen Aufbau des Projekts festzuhalten und diesen gleichzeitig graphisch zu veranschaulichen. Dagegen wird bei OCL Wissen über logische Einschränkungen und Bedingungen formuliert, die während des Programmablaufs für die einzelnen Objekte gelten müssen.

6.2   Grenzen von OCL

Ebenso wie UML ab einer gewissen Stelle auf OCL angewiesen ist, stößt man auch bei OCL in einigen Situationen an dessen Grenzen. Ein großes Manko ist dabei, dass es keinen integrierten Mechanismus gibt, der eine unzureichende oder inkonsistente Spezifikation der Constraints erkennt. Dies kann insbesondere dann zum Problem werden, wenn ein Widerspruch nicht zwischen zwei Constraints besteht, sondern über mehrere hinweg, sodass er womöglich nicht einmal sofort erkannt wird und stattdessen ein (nicht existierender) Fehler in der überprüften Software gesucht wird.

Ein weiterer Nachteil ist, dass die Operation allInstances() nur über Klassentypen angewendet werden kann und beispielsweise nicht über dem Typ Integer angewendet werden kann.[7]

6.3   Bewertung

Die Objekt Constraints Language ist ohne Frage eine sehr nützliche und sinnvolle Erweiterung zu UML. Insbesondere sind Syntax und Semantik der Sprache sehr eingänglich, sodass die meisten Überlegungen intuitiv in Constraints übersetzt

---

[9] http://dresden-ocl.svn.sourceforge.net/viewvc/dresden-ocl/trunk/ ocl20forEclipse/doc/pdf/manual.pdf

werden können. Ebenso stellt das Verstehen von Constraints in der Regel kein Problem dar.

Ein große Schwierigkeit ist dagegen in der Übersichtlichkeit gegeben, da der „Programmcode" eine bloße Aneinanderreihung verschiedener Constraints darstellt. Auch trotz der Auslagerung von Constraints in verschiedene Dateien (z. B. nach Klassen sortiert) verliert man schnell den Überblick über das, was bereits verfasst ist. Eine gute und prägnante Kommentierung kann diesem Problem zwar entgegen wirken, es aber keineswegs lösen. Schwierig wird es insbesondere dann, wenn sich ein Constraint auf zwei oder mehr Objekte verschiedener Klassen bezieht, aber keiner dieser Klassen eindeutig zugeordnet werden kann. So ist es im Nachhinein oft mühsam herauszufinden, ob ein Constraint bereits verfasst wurde, mit der Folge, dass Constraints unnötigerweise doppelt definiert werden. Hier könnte eine durchdachte und konsequente Benennung der Constraints (vgl. Abschnitt 4.1) von Vorteil sein, mit deren Hilfe doppelte Constraints in manchen Fällen anhand ihres Namens entdeckt werden können. Problematischer ist dagegen die Tatsache, dass das Netz von Constraints aufgrund dieser Unübersichtlichkeit unvollständig sein kann. Unter diesem Hintergrund ist es natürlich besser, doppelte Constraints zu riskieren, die allenfalls die Performance bei der Anwendung beeinträchtigen. Wie in Abschnitt 6.2 bereits beschrieben, gibt es aber keine Möglichkeit, die Vollständigkeit der Constraints sicherzustellen.

Im Gegensatz zu OCL an sich erfordert der Einstieg und Umgang mit den Tools einige Zeit (siehe Abschnitt 5.2), sodass das Lesen der Dokumentation des Tools in der Regel unumgänglich ist. Des Weiteren ist sowohl die Anzahl als auch die Qualität der kostenlos zur Verfügung stehenden Tools bei Weitem nicht so hoch wie bei UML. Beispielsweise werden bei keinem der in Abschnitt 5.2 genannten Tools nachträgliche Änderungen am UML-Modell bei den Constraints berücksichtigt. Dies ist zwar kein gravierendes Problem, aber es ist mühselig, schon bei einer kleinen Umbenennung einer Operation im Modell alle betroffenen Constraints von Hand ändern zu müssen.

Trotz dieser kleinen Unzulänglichkeiten ist die Bedeutung von OCL als Erweiterung von UML nicht zu unterschätzen. Es ist vor allem erstaunlich, dass mit einer sehr kleinen Syntax und drei verschiedenen Typen von Constraints fast jede beliebige Eigenschaft oder Verhaltensweise von Software spezifiziert werden kann. Außerdem wurden mit OCL 2.0 einige Funktionalitäten nachgeliefert, wodurch zum einen die Handhabung der Sprache verbessert wurde und zum anderen einige Constraint-Typen hinzukommen, die in manchen Fällen ebenfalls nützlich sein können.

A Großes Beispiel zu OCL

Der folgende Programmcode bezieht sich auf das Beispiel aus Abbildung 2 und wurde mit Hilfe des Eclipse-Plugins DresdenOCL erstellt. Für jede Klasse wurde eine eigene Datei mit Constraints angelegt.

A.1 Person

```
-------------------------------------------
-- Invarianten
-------------------------------------------


-- Das Alter einer Person muss
-- zwischen 0 und 120 Jahren liegen
context Person
inv: (0 <= self.alter) and
     (self.alter <= 120)



-------------------------------------------
-- Pre-/Postconditions
-------------------------------------------


-- Zwei Personen sind gleich,
-- wenn ihr Name und ihr Alter gleich sind
context Person::equals(person:Person):Boolean
post: result = (self.name = person.name) and
               (self.alter = person.alter)

-- Wenn eine Person Geburtstag hat,
-- erhöht sich ihr Alter um 1
context Person::hatGeburtstag()
post: self.alter = self.alter@pre + 1

-- [Beispiel für das Abfangen unerwünschter Seiteneffekte]
-- Wenn eine Person Geburtstag hat,
-- ändert sich ihr Name nicht
context Person::hatGeburtstag()
post: self.name = self.name@pre
```

A.2 Spieler

```
-------------------------------------------
-- Invarianten
-------------------------------------------
```

```
-- Der Wert eines Spielers kann nicht negativ sein
context Spieler
inv: self.wert >= 0

-- Der Vertrag eines Spieler
-- darf nicht auf einen anderen Spieler laufen
context Spieler
inv: self.vertrag.spieler = self

-- Der Verein, bei dem der Spieler spielt,
-- muss ihn auch in seiner Spielerliste führen
context Spieler
inv: self.vertrag.verein.spieler->includes(self)

-- Wenn zwei Spieler als Personen gleich sind, muss auch
-- ihr Wert gleich sein
-- ihr Vertrag derselbe sein
context Spieler
inv: Spieler.allInstances()->forAll(s1, s2 : Spieler |
        (s1.oclAsType(Person)).equals(s2.oclAsType(Person)) implies
            ((s1.wert = s2.wert) and
             (s1.vertrag = s2.vertrag)))


------------------------------------------
-- Pre-/Postconditions
------------------------------------------

-- Das Ergebnis der Methode gehalt()
-- muss genau das im Vertrag festgesetzte Gehalt sein
context Spieler::gehalt()
post: result = self.vertrag.gehalt

-- Bei einem Vertragswechsel
-- muss der neue Verein ein andere Verein sein
-- muss er danach den neuen Vertrag besitzen
context Spieler::wechseltVerein(neuerVertrag:Vertrag)
pre: not (self.vertrag.verein.equals(neuerVertrag.verein))
post: self.vertrag = neuerVertrag

-- Bei einem Vertragswechsel
-- muss das Datum des Vertragsbeginns des neuen Vertrags
-- nach dem Vertragsbeginn des alten Vertrags liegen
context Spieler::wechseltVerein(neuerVertrag:Vertrag)
pre: neuerVertrag.beginn.liegtNach(self.vertrag.beginn)
```

```
-- Eine Gehaltserhoehung:
-- kann nicht negativ sein und
-- erhöht das Gehalt um den gegebenen Betrag
context Spieler::bekommtGehaltserhoehung(betrag:Integer)
pre: betrag > 0
post: self.vertrag.gehalt = self.vertrag.gehalt@pre + betrag

-- Bei einer Vertragsverlängerung:
-- muss das angegebene Datum nach dem aktuellen Enddatum liegen
-- muss das angegebene Datum danach auch im Vertrag stehen
context Spieler::bekommtVertragsverlaengerung(datum:Datum)
pre: datum.liegtNach(self.vertrag.ende)
post: self.vertrag.ende = datum

-- Wenn sich ein Spieler verletzt,
-- muss er vorher gesund gewesen sein
-- ist er danch verletzt
context Spieler::verletztSich()
pre: not self.verletzt
post: self.verletzt

-- Wenn ein Spieler wieder fit wird,
-- muss er vorher verletzt gewesen sein,
-- muss er danach wieder gesund sein
context Spieler::wiederFit()
pre: self.verletzt
post: not self.verletzt


-------------------------------------------------
-- weitere Invariante in 3 verschiedenen Formen
-------------------------------------------------


-- Für je zwei Spieler s1, s2 soll gelten:
-- Wenn der Wert von s1 größer als der von s2 ist
-- soll auch das Gehalt von s1 höher sein
context Spieler
inv: Spieler.allInstances()->forAll(s1, s2 : Spieler |
                (s1.wert > s2.wert) implies
                    (s1.vertrag.gehalt > s2.vertrag.gehalt))

-- Das gleiche Beispiel mit Hilfe von iterate
context Spieler
inv: Spieler.allInstances()->iterate(sAussen : Spieler;
```

```
ergAussen : Boolean = true |
ergAussen and
        Spieler.allInstances()->iterate(sInnen : Spieler;
                ergInnen : Boolean = true |
                ergInnen and
                        ((sAussen.wert > sInnen.wert) implies
                                (sAussen.gehalt > sInnen.gehalt))))

-- Nochmal mit Hilfe von Variablen im Kontext
-- [Syntax wird von DresdenOCL nicht akzeptiert]
context s1, s2 : Spieler
inv: (s1.wert > s2.wert) implies
        (s1.vertrag.gehalt > s2.vertrag.gehalt))
```

A.3 Verein

```
-----------------------------------------
-- Invarianten
-----------------------------------------


-- Alle Spieler des Vereins
-- müssen bei diesem Verein unter Vertrag stehen
context Verein
inv: self.spieler->forAll(s : Spieler |
                        s.vertrag.verein = self)

-- In der Liste verletzter Spieler
-- können nur Spieler aus der Spielerliste stehen
context Verein
inv: self.spieler->includesAll(self.verletzteSpieler)

-- Sind alle verletzten Spieler wirklich verletzt?
context Verein
inv: self.verletzteSpieler->forAll(s : Spieler |
                        s.verletzt)

-- Nimmt der Verein auch an allen geplanten Spielen teil?
context Verein
inv: self.anstehendeSpiele->forAll(s : Spiel |
                        (self = s.gastgeber) or
                        (self = s.gast))

-- Wenn zwei Vereine gleich sind
-- (vgl Postcondition für Operation equals)
-- müssen auch alle anderen Attribute gleich sein
```

```
context Verein
inv: Verein.allInstances()->forAll(v1,v2 : Verein |
    v1.equals(v2) implies
    ((v1.bankguthaben = v2.bankguthaben) and
    (v1.spieler->includesAll(v2.spieler)) and
    (v1.verletzteSpieler->includesAll(v2.verletzteSpieler)) and
    (v1.anstehendeSpiele->includesAll(v2.anstehendeSpiele)) and
    (v1.siege = v2.siege) and
    (v1.niederlagen = v2.niederlagen)))


-----------------------------------------
-- Pre-/ Postconditions
-----------------------------------------


-- Zwei Vereine sind gleich,
-- wenn ihr Namen gleich ist
context Verein::equals(verein:Verein):Boolean
post: result = (self.name = verein.name)

-- Der Gesamtwert eines Vereins ist
-- sein Bankguthaben plus
-- der Wert aller Spieler
context Verein::gesamtwert():Integer
post: result = self.bankguthaben
            + self.spieler->collect(s:Spieler|s.wert)->sum()

-- Wenn die Gehälter ausgezahlt werden, sinkt das Bankguthaben
-- um den Wert der Gehälter aller unter Vertrag stehenden Spieler
-- [auch wie oben mit collect,sum möglich]
context Verein::gehaelterAuszahlen()
post: self.bankguthaben = self.bankguthaben@pre
          - self.spieler->iterate(s : Spieler;
                    auszahlung = 0 |
                    auszahlung + s.vertrag.gehalt)

-- Ein Spiel kann nur
-- zwischen verschiedenen Mannschaften stattfinden.
-- Nachdem ein neues Spiel angesetzt wurde,
-- muss dieses als anstehendes Spiel eingetragen sein
-- (Aber zwischen zwei Mannschaften
-- können auch mehrere Spiele anstehen!)
context Verein::neuesSpiel(spiel:Spiel)
pre: not spiel.gastgeber.equals(spiel.gast)
post: self.anstehendeSpiele->count(spiel) =
      self.anstehendeSpiele@pre->count(spiel) + 1
```

```
-- Nur ein Spiel, das in Planung stand, kann abgesagt werden,
-- und ist danach nicht mehr als anstehendes Spiel verzeichnet.
-- (Es sei denn es war mehrfach in Planung)
context Verein::spielAbsagen(spiel:Spiel)
pre: self.anstehendeSpiele->includes(spiel)
post: self.anstehendeSpiele->count(spiel) =
      self.anstehendeSpiele@pre->count(spiel) - 1


-- Ein abgesagtes Spiel
-- zählt weder als Niederlage noch als Sieg
context Verein::spielAbsagen(spiel:Spiel)
post: (self.siege = self.siege@pre) and
      (self.niederlagen = self.niederlagen@pre)


-- Ein abgesagtes Spiel bringt keine Einnahmen
context Verein::spielAbsagen(spiel:Spiel)
post: self.bankguthaben = self.bankguthaben@pre


-- Nur ein Spiel, das in Planung stand, kann gespielt werden.
-- Ein beendetes Spiel darf danach
-- nicht mehr als anstehendes Spiel verzeichnet sein.
-- (Es sei denn es war mehrfach in Planung)
context Verein::spielGespielt(spiel:Spiel,gewonnen:Boolean)
pre: self.anstehendeSpiele->includes(spiel)
post: self.anstehendeSpiele->count(spiel) =
      self.anstehendeSpiele@pre->count(spiel) - 1


-- Die Einkünfte aus einem Spiel werden geteilt,
-- sodass das Bankguthaben nach einem Spiel
-- um die Hälfte der Spiel-Einkünfte gestiegen ist.
-- (Eine Invariante von Spiel stellt sicher,
-- dass die Einkünfte durch 2 teilbar sind!)
context Verein::spielGespielt(spiel:Spiel,gewonnen:Boolean)
post: self.bankguthaben = self.bankguthaben@pre +
                          spiel.einkuenfte / 2


-- Wenn ein Spiel gewonnen wurde,
-- wird der Zähler für gewonnene Spiele erhöht.
-- Der Zähler für Niederlagen bleibt gleich.
context Verein::spielGespielt(spiel:Spiel,gewonnen:Boolean)
post: gewonnen implies
              ((self.siege = self.siege@pre + 1) and
               (self.niederlagen = self.niederlagen@pre))
```

```
-- Wenn ein Spiel verloren wurde,
-- wird der Zähler für verlorene Spiele erhöht.
-- Der Zähler für Siege bleibt gleich.
context Verein::spielGespielt(spiel:Spiel,gewonnen:Boolean)
post: (not gewonnen) implies
        ((self.niederlagen = self.niederlagen@pre + 1) and
         (self.siege = self.siege@pre))

-- Die Bilanz ist
-- die Anzahl der Siege minus Anzahl der Niederlagen
context Verein::bilanz():Integer
post: result = self.siege - self.niederlagen
```

A.4 Vertrag

```
------------------------------------------
-- Invarianten
------------------------------------------


-- Das Ende eines Vertrages muss nach seinem Beginn liegen
context Vertrag
inv: self.ende.liegtNach(self.beginn)


-- Der Spieler, auf den der Vertrag läuft,
-- muss diesen Vertrag auch besitzen
context Vertrag
inv: self.spieler.vertrag = self


-- Wenn zwei Verträge gleich sind
-- (also dem gleichen Spieler gehören),
-- müssen auch alle anderen Attribute gleich sein
context Vertrag
inv: Vertrag.allInstances()->forAll(v1 : Vertrag, v2 : Vertrag |
          v1.equals(v2) implies
             ((v1.beginn = v2.beginn) and
              (v1.ende = v2.ende) and
              (v1.verein = v2.verein) and
              (v1.gehalt = v2.gehalt)))


------------------------------------------
-- Pre-/Postconditions
------------------------------------------


-- Zwei Verträge sind genau dann gleich,
-- wenn sie demselben Spieler gehören
```

```
context Vertrag::equals(vertrag:Vertrag):Boolean
post: result = self.spieler.equals(vertrag.spieler)

-- Eine Gehaltserhöhung:
-- kann nicht negativ sein
-- und erhöht das Gehalt um den gegebenen Betrag
context Vertrag::gehaltErhoehen(betrag:Integer)
pre: betrag > 0
post: self.gehalt = self.gehalt@pre + betrag

-- Bei einer Vertragsverlängerung:
-- muss das angegebene Datum nach dem aktuellen Enddatum liegen
-- muss das angegebene Datum danach auch übernommen sein
context Vertrag::verlaengern(datum:Datum)
pre: datum.liegtNach(self.ende)
post: self.ende = datum
```

A.5 Datum

```
-----------------------------------------
-- Invarianten
-----------------------------------------


-- Für dieses Modell machen nur Jahre zwischen 1900 und 2050 Sinn
context Datum
inv: (1900 <= self.jahr) and
     (self.jahr <= 2050)

-- Constraint für die Monate
context Datum
inv: (1 <= self.monat) and
     (self.monat <= 12)

-- Constraint für die Tage (Alle Jahre können Schaltjahre sein)
context Datum
inv: (1 <= self.tag) and
     (self.tag <= 31) and
     ((self.monat = 2) implies (self.tag <= 29)) and
     (((self.monat = 4) or (self.monat = 6) or
       (self.monat = 9) or (self.monat = 11))
                         implies (self.tag <= 30))


-----------------------------------------
-- Pre-/Postconditions
-----------------------------------------
```

```
-- Zwei Daten sind gleich, wenn Tag, Monat und Jahr gleich sind
context Datum::equals(datum:Datum):Boolean
post: result = (self.jahr = datum.jahr) and
               (self.monat = datum.monat) and
               (self.tag = datum.tag)

-- Die Methode liegtVor soll richtige Ergebnisse liefern
context Datum::liegtVor(datum:Datum):Boolean
post: result =
    ((self.jahr < datum.jahr) or
    ((self.jahr = datum.jahr) and ((self.monat < datum.monat) or
                                   ((self.monat = datum.monat) and
                                    (self.tag < datum.tag)))))

-- Die Methode liegtNach soll richtige Ergebnisse liefern
context Datum::liegtNach(datum:Datum):Boolean
post: result = (not self.liegtVor(datum)) and
               (not self.equals(datum))
```

A.6 Spiel

```
-------------------------------------------
-- Invarianten
-------------------------------------------

-- Gastgeber und Gast können nicht identisch sein
context Spiel
inv: self.gastgeber <> self.gast

-- Ein Spiel muss von Gastgeber und Gast
-- gleich oft geplant sein
-- (Spiele können auch mehrfach geplant sein
-- oder gar nicht, weil sie abgesagt wurden)
context Spiel
inv: self.gastgeber.anstehendeSpiele->
            collect(s : Spiel | s = self)->size() =
     self.gast.anstehendeSpiele->
            collect(s : Spiel | s = self)->size()

-- Die Einkünfte durch das Spiel dürfen nicht negativ sein
context Spiel
inv: self.einkuenfte >= 0

-- Die Einkünfte sollen gerade sein
-- (damit sie gerecht geteilt werden können)
```

```
context Spiel
inv: self.einkuenfte.mod(2) = 0
```

A.7   Beispiel für die ModelInstanceProviderClass in DresdenOCL

Zuletzt ein kurzes, schematisches Beispiel, wie die ModelInstanceProviderClass in DresdenOCL (vgl. Abschnitt 5.3) auszusehen hat.

```java
package provider; //beliebiger Name

import java.util.ArrayList;
import java.util.List;

public class ProviderClass {

  public static List<Object> getModelObjects() {

    List<Object> result;
    result = new ArrayList<Object>();

    Datum datum1 = new Datum(2,1,1900);
    Verein bvb = new Verein("BV Borussia Dortmund", ...);
    Verein schalke = new Verein("Schalke 04", ...);
    Spiel derby = new Spiel(bvb, schalke);
    Spieler weidenfeller = new Spieler("Roman Weidenfeller", ...);
    Vertrag vertragWeidenfeller =
                        new Vertrag(weidenfeller, bvb, ...);

    result.add(datum1);
    result.add(bvb);
    result.add(schalke);
    result.add(derby);
    result.add(weidenfeller);
    result.add(vertragWeidenfeller);

    return result;
  }
}
```

Literatur

1. OMG Unified Modeling LanguageTM (OMG UML), Infrastructure, 2.3 edn. (5 2010), http://www.omg.org/spec/UML/2.3/Infrastructure/PDF/, Übersetzung übernommen von http://de.wikipedia.org/wiki/Unified_Modeling_Language
2. http://de.wikipedia.org/wiki/Unified_Modeling_Language, (letzter Zugriff: 02.03.2011)
3. http://www.torsten-horn.de/techdocs/uml.htm, (letzter Zugriff: 14.03.2011)
4. http://www.cs.hs-rm.de/~knauf/SWT2005/ocl.html, (letzter Zugriff: 14.03.2011)
5. http://upload.wikimedia.org/wikipedia/commons/thumb/7/74/Uml_diagram. svg/720px-Uml_diagram.svg, (letzter Zugriff: 14.03.2011)
6. Clark, T., Warmer, J. (eds.): Object Modeling with the OCL: The Rationale behind the Object Constraint Language (Lecture Notes in Computer Science). Springer, 1st edn. (3 2002)
7. Demuth, D.B.: http://st.inf.tu-dresden.de/files/teaching/ss09/stII09/OCL.pdf, (letzter Zugriff: 14.03.2011)